こんなに使えて、こんなにおいしい！

毎日の「バーミキュラ」レシピ

大庭英子

講談社

「バーミキュラ」だからできること。

1) 余熱で「放っておくだけ」調理できる！

バーミキュラは熱伝導にすぐれた鉄鋳物。鍋全体を均一に温めることができ、またコーティングされたホーローが強い遠赤外線を発し、食材の内側から熱が入っていくという特性を持っています。

密閉性や保温性が高いので、たとえば煮物など味を含ませていく鍋まかせの余熱調理は大得意。加熱したら放っておくだけでジワジワと味がしみ、おいしく仕上がります。しかも簡単！ キッチンやテーブルに置いておいても絵になるルックスもすてきです。

2 少ない水分で大丈夫。無水調理も得意です

鍋の密閉性が高く、ふたがピタッと密着して中の温度や水分を逃がさないため、食材が持つ水分に少しだけ水を足すだけ、または無水で調理することができます。いったん沸騰すれば、蒸気が効率よく鍋の中を循環するので、食材にむらなく火が通って素材本来のうまみが引き出されます。そのため、いろいろな調味料を足さずシンプルな味つけで、おいしくでき上がるのもうれしいところ。

素材は「大きいまま」がいい!

バーミキュラは鍋の底面が凹凸のあるリブ底になっています。このリブ底が食材と鍋底の間に空間を作り、調理中に食材から出た水分は鍋底で加熱されて蒸気になります。風味やうまみを含んだ蒸気を鍋の中に閉じ込めることで、肉や魚、野菜などもかたまりのまま、丸のままでもしっかり火を通すことができ、うまみを逃がしません。

「同じ素材でもお鍋だけでこんなに味が違うんだ!」という驚きをぜひ体験してみてください。

目次

「バーミキュラ」だからできること。 2

おいしく仕上げるための火加減のコツ 8
バーミキュラの鍋のサイズ 8

第1章 主菜

牛肉

- ゴロッと肉じゃが 10
- ササッと肉豆腐 12
- 牛すじと大根の煮物 薬味ソースかけ 12
- 牛すね肉と野菜のごちそうサラダとコンソメスープ 14

豚肉

- 豚のスペアリブと冬瓜の中華蒸し煮 16
- 豚肉の野菜巻き 18
- 煮豚の半熟卵添え 18
- 豚肩ロース肉の香草焼き 20
- やわらかゆで豚のねぎソース 20
- 和風ポトフ 22
- 塩豚のカスレ 23

鶏肉

- ローストチキンのひき肉詰め 24
- チキンヨーグルトカレー 26
- 鶏ハム 26
- 鶏肉のビール煮 マッシュポテト添え 28
- 手羽元とれんこんの酢煮 30
- 鶏肉ともち麦の洋風煮込み 30
- 鶏肉とピーマンの蒸し煮 32
- 鶏肉とブロッコリーのクリーム煮 32

ひき肉

- 麻婆春雨 34
- かぼちゃのひき肉詰め蒸し 36
- 韓国風肉じゃが 38
- 白菜のひき肉はさみ鍋 38
- 鶏ひき肉の茶巾とかぶの煮物 40
- れんこんのひき肉はさみ蒸し ポン酢かけ 42
- チリコンカン 42

魚
- さばのみそ煮　44
- 白身魚の中華ねぎ蒸し　46
- さんまのオイル煮　47
- かじき入りカポナータ風　48
- たらと豆腐の中華風ピリ辛煮　50
- いわしの梅煮　51

野菜
- カリフラワーのひき肉包み煮　52
- 丸ごと玉ねぎのツナソースかけ　54
- くし形キャベツのエスニック風蒸し　54
- じゃが芋と豚肉の重ね蒸し焼き　56
- 里芋の甘辛煮　58
- かぶとベーコンの蒸し煮　58
- さつま芋と鶏肉の甘煮　60
- じゃが芋とたこの蒸し焼き　61

豆
- 黒豆　62
- 金時豆の甘煮　62

ご飯
- シンガポールライス　64
- 中華おこわ　66
- 鯛めし　68

第2章　副菜

- えびときのこのアヒージョ　70
- 残り野菜のグリーンポタージュ　70
- ズッキーニのオイル蒸し焼き　72
- 芽キャベツとベーコンの蒸し焼き　72
- 長ねぎの蒸し煮　74
- にんじんのはちみつレモン蒸し　74
- ミックスきのことアンチョビのワイン蒸し　76
- キャベツと卵のスフレ風オムレツ　76
- シンプル卵蒸し　78

✖ 本書の決まり
本書で使用している計量カップはカップ1＝200㎖、計量スプーンは大さじ1＝15㎖、小さじ1＝5㎖。
火加減や加熱時間は目安です。機種により違いがあるため、適宜調整をしてください。

おいしく仕上げるための火加減のコツ

バーミキュラの特性を生かし、上手に調理するためには火加減のコツがあります。
基本の火加減は「弱火」。調理のはじめや食材を炒めたりするときは中火で行い、強火は使いません。
ここでは鍋に対してどの程度炎が当たっているのが適切なのかをご紹介します。
覚えておき、調理をしながらだんだんと慣れていきましょう。

強火
炎が鍋底からはみ出すほどの火加減が強火。バーミキュラでの調理では使用しません。

中火
炎が鍋底の中心部分程度に当たっている火加減が中火。調理のはじめに鍋を温めたいときや、炒めたり焼き目をつけるときに使います。中火で加熱して鍋が温まったときは、横に向かって勢いよく蒸気がふき出します。

弱火
バーミキュラでの調理の基本の火加減。鍋底に炎がつかない程度が目安です。中火で調理をはじめ、蒸気がふき出してきたら、弱火にしてもOKです。弱火で加熱して鍋が温まったときは、斜め上に向かってゆらゆらと蒸気が出続けます。

バーミキュラの鍋のサイズ

14cm
新しく誕生したミニサイズで、副菜作りや一人暮らしの人にもおすすめ。ご飯は1.5合炊け、パン作りもできる。

18cm
1人〜2人暮らしの人が使いやすい、小ぶりなサイズ。手にしっくりなじむ大きさがかわいい。ご飯は3合まで炊ける。

22cm
はじめに誕生したのがこのサイズ。4人家族で最も使いやすいオーソドックスな大きさで、煮物や蒸し物はもちろん、ご飯も6合まで炊けて便利。

26cm
鶏1羽が丸ごと入るほどの大きめサイズ。ホームパーティなどでたくさん作りたいときや、大家族向き。

26cm SUKIYAKI
その名のとおり、すき焼きなどの鍋物にも使いやすい、浅底の鍋。口径が広いので、煮魚など重ねたくない料理や、フライパンのような使い方も。

ライスポット
鋳物ホーロー鍋と理想の火加減が簡単に設定できるポットヒーターを組み合わせた炊飯器。ご飯だけでなく、さまざまな調理が可能。

✖ この本のレシピは、第1章（P10〜68）を22cm鍋で、第2章（P70〜79）を14cm鍋で調理しています。

✖ 他サイズで調理する場合
食材の分量は、22cmの分量に対して、14cmは¼量、18cmは½量、26cmは1.5倍、26cm SUKIYAKIは同量を目安としてください。調理時間はレシピどおりでOKですが、鍋中の状態に合わせて調理してください。レシピの中には、14cm鍋での調理には適さない料理もあります。

バーミキュラ鍋の使用方法、お手入れ方法については、鍋に付帯している取扱説明書をご参照ください。

✖ バーミキュラ製品についての問い合わせ先
バーミキュラオーナーズデスク
フリーダイヤル 0120-766-787
（月曜〜金曜 9:00〜12:00、13:00〜17:00）
E-mail infomail@vermicular.jp
URL www.vermicular.jp　　販売元　愛知ドビー株式会社

第1章
主菜

肉や魚、野菜を使った
メインになるおかずを集めました。
特別な材料がなくても作れて、
毎日でも食べ飽きない。
22cmの大きめサイズは
繰り返し作りたくなるような
家庭料理にピッタリです。

牛肉　ゴロッと肉じゃが

皮をむいたじゃが芋は、そのまま切らずにゴロッと豪快に鍋の中へ。あとはシンプルに牛肉と玉ねぎだけ。
牛肉を先に炒めてからじゃが芋を加えて煮ると、あくが出にくく、仕上がりもきれいです。

材料　3〜4人分
- 牛切り落とし肉　250g
- じゃが芋　小6個
- 玉ねぎ　2個
- しょうが　小1かけ
- 酒　大さじ3
- 水　カップ⅔
- A みりん　大さじ3
- 　砂糖　大さじ1〜2
- しょうゆ　大さじ4
- サラダ油　大さじ1

作り方
1　牛肉は長いものは5〜6cm長さに切る。

2　じゃが芋は皮をむいて、水に10〜15分さらして水けをふく。玉ねぎは縦4等分に切る。しょうがは皮をむいてせん切りにする。

3　鍋を中火にかけてサラダ油を熱し、牛肉としょうがを炒める。肉の色が変わったら、じゃが芋を加えて炒め、玉ねぎを加えて酒をふる。分量の水を注ぎ、煮立ったらAを加えて上下を返し、ふたをして弱火で約15分煮る。

4　3にしょうゆを加えて上下を返してふたをし、弱火で約15分、じゃが芋がやわらかくなるまで煮る。

ふたをして弱火で煮ると、食材から水分が出てくるので煮汁は少なくてもOK。
じゃが芋に味がしみ込み、ホクホクの仕上がりに。

牛肉	## ササッと肉豆腐

はじめに牛肉にしっかり味をつけ、大きめに切った豆腐は、牛肉のうまみが出た煮汁をかけながら、5分ほど煮るだけ。豆腐を煮すぎないので、ふるふるでやわらかな食感に仕上がります。

✖ 材料　2人分
牛切り落とし肉　200g
絹ごし豆腐　1丁
わけぎ　150g
酒　大さじ3
水　カップ½
A｜みりん　大さじ2
　｜砂糖　大さじ½〜1
　｜しょうゆ　大さじ3〜4
サラダ油　大さじ1

✖ 作り方
1　豆腐は6〜8等分に、わけぎは3〜4cm長さに切る。
2　鍋を中火にかけてサラダ油を熱し、牛肉を炒める。色が変わったら酒をふり、分量の水を加える。煮立ったらAで調味し、ふたをして弱火で5〜6分煮る。
3　牛肉を鍋の端に寄せ、空いたところに豆腐を加える。煮汁をスプーンで数回かけ、ふたをして弱火で約5分煮る。
4　牛肉と豆腐を器に盛る。残りの煮汁にわけぎの根元を入れ、ふたをして約2分煮たら葉先を加える。しんなりしたら、器に盛って煮汁を注ぐ。

牛肉	## 牛すじと大根の煮物　薬味ソースかけ

牛すじは下ゆでして脂っぽさを取るのがポイント。煮るとムチッとした食感になります。だしもよく出るので大根と一緒に煮て、うまみを吸わせましょう。ねぎやしょうがたっぷりの薬味ソースがよく合います。

✖ 材料　3〜4人分
牛すじ肉　400g
大根　½本
水　カップ4
A｜しょうがの皮　1かけ分
　｜長ねぎの青い部分　1本分
　｜赤唐辛子　1本
　｜酒　大さじ4
　｜塩　小さじ½

✖ 薬味ソースの材料
長ねぎのみじん切り　大さじ4
にんにくのみじん切り　小さじ1
しょうがのすりおろし　小さじ1
切り白ごま　大さじ1
一味唐辛子　少々
しょうゆ　大さじ4
酢　大さじ2
砂糖　小さじ1
ごま油　大さじ½

✖ 作り方
1　牛肉は熱湯で約5分ゆでる。水にとって水けをきり、余分な脂肪を取って一口大に切る。
2　大根は4cm厚さの輪切りにして皮を厚めにむく。面取りして裏に厚さの⅓まで十字の切り目を入れる。
3　鍋に1の牛肉と分量の水を入れて中火にかけ、煮立ったらAを加える。再び煮立ったら、火を弱めてあくを取り、大根を加える。中火にして再び煮立ったら、ふたをして弱火で約20分煮る。
4　3の牛肉を取り出して粗熱を取り、竹串に刺して鍋に戻す。ふたをして、さらに30〜40分、大根がやわらかくなるまで煮る。
5　4を器に盛り、よく混ぜ合わせた薬味ソースを添える。

✖ Point
大根は厚めに切るので、火の通りや味のしみをよくするために、深めに切り目を入れる。

| 牛肉 | # 牛すね肉と野菜のごちそうサラダとコンソメスープ |

牛すねのかたまり肉はだしがよく出るので、ゆで汁もスープとして活用します。弱火でコトコト煮て、うまみを引き出すのもバーミキュラの得意技。簡単なのに華やかに見えるから、おもてなしにもおすすめです。

牛すね肉と野菜のごちそうサラダ

✖ 材料　4〜5人分
牛すねかたまり肉　600g
水　カップ4
A　白ワイン　カップ1/3
　玉ねぎ（縦4等分に切る）　1個
　にんじん　1/2本
　セロリの葉など　適量
　しょうがの皮　適量
　パセリの茎　2〜3本
　ローリエ　1枚
　タイム（あれば）　2枝
　塩　小さじ1
エンダイブなど　適宜

✖ ドレッシングの材料
玉ねぎのみじん切り（ふきんに包み、
　水にさらして水けを絞ったもの）
　大さじ4
ピクルスのみじん切り　大さじ2
パセリのみじん切り　大さじ2
トマトのみじん切り　1/2個分
ワインビネガー　50ml
オリーブ油　100ml
塩　小さじ1
こしょう　少々

✖ 作り方
1　牛肉は調理前に室温に戻し、全体をたこ糸で縛って形を整える。
2　鍋に1と分量の水を入れて中火にかける。煮立ったらあくを取り、Aを加えてふたをし、弱火で約1時間、肉がやわらかくなるまで煮る。
3　肉は煮汁につけたまま冷ます。冷めたらたこ糸を取り、6〜8mm厚さの輪切りにしてバットに並べる。
4　ボウルにドレッシングの材料を混ぜ合わせ、3の肉にかけ、約20分おいて味をなじませる。
5　好みでエンダイブなどを食べやすくちぎって器に敷き、肉をのせ、ドレッシングをかける。

コンソメスープ

✖ 材料　4人分
牛すね肉のゆで汁　カップ3〜4
卵白　1個分
塩、こしょう　各少々

✖ 作り方
1　鍋に卵白を入れ、冷たいままのゆで汁を少しずつ加えながら混ぜる。
2　鍋を中火にかけ、木べらで絶えず混ぜながら加熱し、卵白が白く表面に上がってきたら弱火にして3〜4分煮る。
3　ざるにペーパータオルを敷き、2をこす。鍋に戻して中火にかけ、煮立ったら、塩、こしょうで調味する。

✖ Point
牛すね肉は調理前に室温に戻すと、火の通りにムラが出ずにしっとりとやわらかく仕上がる。またゆで汁に卵白を入れるのは、卵白があくを吸収して澄んだスープにしてくれるから。ゆで汁をコンソメスープに昇格させる隠し技。

豚肉

豚のスペアリブと冬瓜の中華蒸し煮

冬瓜は煮えが早いので、大きめに切っても短時間でやわらかくなるのが特徴です。
外側は豚肉のうまみやピリ辛の調味料がしみ込み、中は冬瓜本来のみずみずしく淡白なやさしい味が楽しめます。

✳ 材料　4人分
豚スペアリブ肉（短めのもの）　400g
冬瓜（とうがん）　500g
A 梅干し　2個
　にんにく　1かけ
　赤唐辛子　1本
　しょうゆ　大さじ2
　酒　大さじ2
　ごま油　大さじ1
片栗粉　大さじ1
水　カップ1/2〜1

✳ 作り方

1　Aの梅干しは種を取って細かくたたき、にんにくは薄切りにする。赤唐辛子は種を取って小口切りにする。

2　ボウルにAと豚肉を入れて混ぜ、20〜30分おく。味がなじんだら片栗粉をまぶす。

3　冬瓜はスプーンで種を取ってピーラーなどで皮をむき、4cm角に切る。

4　鍋に冬瓜の皮側を下にして並べ、2の豚肉をのせる。鍋の縁から分量の水を注ぎ、ふたをして中火にかける。煮立ったら弱火にし、約40分蒸し煮にする。

骨からもいいだしが出るので、調味料をなじませたスペアリブのうまみがしみ込むよう、冬瓜の上に豚肉を置いて蒸し煮に。

豚肉　豚肉の野菜巻き

豚肉を広げて、たっぷりの野菜を巻いた太巻きです。
豚肉にみそをたっぷり塗って巻くので、何もつけずにそのままどうぞ。

✕ 材料　3〜4人分
豚もも薄切り肉　300g
万能ねぎ　60g
えのきだけ　1袋
にんじん　小1本
A　信州みそ　60g
　　しょうがのすりおろし
　　　小さじ1/2
　　ごま油　小さじ1
　　こしょう　少々
ごま油　適量

✕ 作り方

1　ボウルにAを入れて混ぜ合わせる。
2　万能ねぎは根元を除き、15cm長さ（豚肉の幅）に切る。えのきだけは根元を除いて大きめにほぐす。にんじんはスライサーで太めのせん切りにする。
3　まな板に豚肉を縦に広げ、端を少しずつ重ねながら5〜6枚広げる（15×30cmくらいになるように）。同様にもう1セット作る。
4　1の半量を豚肉の手前から2/3くらいまで薄く塗り、手前に2の半量をのせてくるくると巻く。ロールの表面にごま油を薄く塗る。同様にもう1本作る。
5　鍋に野菜巻きを少し間隔をあけて2本並べ、中火にかける。2〜3分全体を焼いたらふたをし、途中、転がしながら弱火で約12分蒸し焼きにする。食べやすく切って器に盛る。

✕ Point

薄切り肉にえのきだけ、万能ねぎ、にんじんのせん切りなど、火の通りやすい材料を使っているから短時間で完成。

豚肉　煮豚の半熟卵添え

豚肩ロース肉もかたまりのまま煮ると、水分が抜けずにしっとりとやわらかく、煮汁がしみて格別の味に。
半熟卵は煮汁につけておくだけ。中は半熟トロトロのまま、味がしみておいしく仕上がります。

✕ 材料　4人分
豚肩ロースかたまり肉
　（ネット付きのもの）　400〜500g
半熟卵　4個
A　しょうがの皮　1かけ分
　　長ねぎの青い部分　6〜7cm
　　酒　大さじ3
　　水　カップ1 1/2
B　砂糖　大さじ2
　　しょうゆ　大さじ4〜5
サラダ油　少々

✕ 作り方

1　豚肉は焼く約2時間前に冷蔵庫から出して、室温に戻す。ネット付きでなければたこ糸で全体を縛る。
2　鍋にサラダ油を中火で熱し、1を入れて表面を焼きつける。Aを加え、煮立ったらふたをし、弱火で約20分煮る。
3　しょうがと長ねぎを取り出し、Bを加えて混ぜる。ふたをして弱火で20〜30分煮込み、そのまま冷ます。
4　半熟卵は殻をむき、冷めた3の鍋に加える。途中上下を返して、1〜2時間つける。
5　豚肉のネットを取り、鍋を再び中火にかけて少し温める。豚肉は食べやすく切り、半熟卵とともに器に盛る。残りの煮汁はとろりとするまで煮つめ、煮豚にかける。

豚肉

豚肩ロース肉の香草焼き

豚肉はにんにくやローズマリー、タイムなどを加えた調味液につけ込んで下味をつけ、蒸し焼きにするだけ。あとは鍋まかせのほったらかし料理です。香草の香りがしみ込み、まるでお店で食べるような味が簡単にできます。

✖ 材料　6〜8人分
豚肩ロースかたまり肉
　（ネット付きのもの）　800g
A 塩　小さじ1½
　　こしょう　少々
B にんにくの薄切り　1かけ分
　　しょうがの薄切り　小1かけ分
　　レモンの半月切り　4枚
　　ローリエ　2枚
　　ローズマリー(生)　2枝
　　タイム(生)　1枝
　　白ワイン　大さじ2
　　オリーブ油　大さじ2
塩、こしょう　各少々
イタリアンパセリ、ローズマリーなど
　各適宜

✖ 作り方
1 豚肉はネット付きでなければたこ糸で全体を縛り、Aをふって全体にもみ込む。

2 1を保存袋に入れ、Bを加えて外から軽くもんでなじませる。空気を抜き、冷蔵庫で一晩マリネする。

3 2は焼く約2時間前に冷蔵庫から出し、室温に戻す。鍋を中火で2〜3分熱し、2を入れて全体に焼き目をつける。ふたをして途中上下を返しながら、弱火で50分〜1時間蒸し焼きにしたら火を止め、そのまま粗熱を取る。

4 豚肉を食べやすく切り、器に盛る。残りの煮汁はとろりとするまで煮つめ、塩、こしょうで味を調えて豚肉にかけ、好みでイタリアンパセリなどを添える。

豚肉

やわらかゆで豚のねぎソース

きゅうりや白髪ねぎのシャキシャキとした食感とよく合う一皿です。豚肉は温かいままだと薄切りにしにくいので、必ず冷めてから切りましょう。

✖ 材料　4人分
豚ロースかたまり肉　400g
A 長ねぎの青い部分　1本分
　　しょうがの皮　少々
　　酒　大さじ3
　　塩　小さじ⅕
　　水　カップ⅓
きゅうり　2本

✖ ねぎソースの材料
長ねぎ　1本
香菜(シャンツァイ)　適量
ごま油　大さじ2
塩　小さじ⅔
こしょう　少々
ラー油　適宜

✖ 作り方
1 豚肉は室温に戻す。鍋に豚肉を入れ、Aを加えて中火にかける。煮立ったら弱火にし、ふたをして約30分蒸し煮にして火を止め、そのまま冷ます。

2 ねぎソースを作る。長ねぎは長さを3等分に切る。縦半分に切り、青い芯は取って斜めせん切りにし、冷水にサッとさらして水けをきる。香菜は葉をつむ。ほかの材料と混ぜ合わせる。

3 きゅうりは長さを半分に切り、スライサーで縦薄切りにする。

4 豚肉が冷めたら、脂身を下にして包丁でごく薄く切る。器に3のきゅうりを敷いて豚肉を盛り、ねぎソースをのせる。

✖ Point
肉はかたまりのままゆでて薄切りにすることで、驚くほどしっとりとやわらかに仕上がる。

和風ポトフ

豚肉

大根、ごぼう、れんこんという和の根菜をゴロゴロっと大きめに切り、豚肉と合わせたポトフです。鍋が肉や野菜のうまみを引き出して、水で煮るだけで、やさしく滋味深いスープに仕上がります。

材料 4人分

- 豚肩ロースかたまり肉 400g
- 大根 10cm(約400g)
- ごぼう 2本(約150g)
- れんこん 1節(約250g)
- 水 カップ4
- A 酒 大さじ4
- 塩 小さじ½
- しょうがの皮 適量

みそだれの材料

- 信州みそ 50g
- しょうがのすりおろし 小さじ1
- 砂糖 大さじ1
- しょうゆ 小さじ1
- すり白ごま 大さじ2

ゆずこしょう 適量

作り方

1 豚肉は室温に戻し、3cm厚さの一口大に切る。

2 大根は5cm厚さの輪切りにして、皮を厚めにむいて縦4等分に切る。ごぼうは皮をこそげて6cm長さに切り、れんこんは皮をむいて1.5cm厚さの輪切りにし、ともに水でサッと洗い、水けをきる。

3 鍋に豚肉と分量の水を入れて中火にかけ、煮立ったら火を弱めてあくを取る。Aと大根、ごぼうを加え、ふたをして約20分煮る。

4 しょうがの皮を取り出し、れんこんを加えてふたをし、弱火で約20分煮る。

5 ボウルにみそだれの材料を入れてよく混ぜる。4を器に盛り、みそだれとゆずこしょうを添える。

豚肉 塩豚のカスレ

カスレは豆を煮込んだフランスの家庭料理です。豆をおいしく煮るのもバーミキュラの得意技。塩をもみ込んで2晩おいた塩豚が、豆の甘みを引き立てます。香味野菜もたっぷり入れて。

✖ 材料　5〜6人分
- 豚肩ロースかたまり肉　300g
- 白いんげん豆　300g
- 玉ねぎ　½個
- にんじん　1本
- セロリ　1本
- にんにく　1かけ
- トマト水煮缶（ホール）　1缶（400g）
- 白ワイン　カップ⅓
- ローリエ　1枚
- 塩、こしょう　各少々
- サラダ油　適量

✖ 作り方

1　豚肉と塩9g（分量外）を保存袋に入れてよくもみ、空気を抜いて冷蔵庫に2晩ほどおく。

2　豆は洗って水カップ6に約8時間浸す。水ごと鍋に入れて中火にかけ、煮立ったらざるに上げる。鍋に戻してたっぷりの水を加えて中火にかけ、煮立ったらふたをして弱火で10〜15分煮る。

3　豚肉は水洗いし、水けをふいて1.5cm厚さの一口大に切る。

4　玉ねぎ、にんにくはみじん切りにする。

5　にんじんは1cm厚さの輪切り、セロリは1cm幅の斜め切りにする。トマト水煮は手でつぶす。

6　鍋にサラダ油少々を熱して豚肉を焼く。両面を焼いたら取り出し、サラダ油大さじ1を足して4の玉ねぎとにんにくをしんなりするまで炒める。

7　鍋に豚肉を戻し入れ、2の豆とゆで汁カップ1、5、ローリエ、白ワインを加えて中火にかける。煮立ったら、ふたをして弱火で約30分煮込み、塩、こしょうで調味する。

ローストチキンのひき肉詰め

鶏肉

密閉状態の蒸し焼きは水分が逃げずに、しっとりとやわらかく仕上がります。
鍋に一緒に入れたりんごはソースに。甘酸っぱい味わいが、やわらかな鶏肉とよく合います。

材料　2人分
鶏もも骨つき肉　2本(1本約300g)
A 白ワイン　大さじ1
　塩　小さじ2/3
　こしょう　少々
　レモン汁　少々
B 鶏ひき肉　120g
　玉ねぎのみじん切り　小1/4個分
　しいたけのみじん切り　2個分
　バター　大さじ1/2
　塩　小さじ1/5
　こしょう　少々
オリーブ油　大さじ1/2

りんごソースの材料
りんご(紅玉)　小1個
白ワイン　大さじ1
レモン汁　大さじ1/2
バター　大さじ1/2
塩、こしょう　各少々

クレソン　適宜

作り方
1　鶏肉は開いて骨を抜き取る(写真a)。Aをもみ込み、約10分おく。
2　Bの玉ねぎとしいたけはバターでしんなりするまで炒め、ボウルに入れる。冷めたらBのほかの材料と混ぜ合わせる。
3　鶏肉の骨を抜いた部分に2の半量を詰め、口を閉じる(写真b)。もう1つも同様に。
4　鍋にオリーブ油を熱して鶏肉を並べ、皮つきのまま縦4等分にして芯を取ったりんごをまわりに置く。ふたをして弱火で約30分蒸し焼きにする。
5　鶏肉とりんごを取り出す。りんごは皮を取って鍋に戻してつぶし、ソースのほかの材料を加えて中火で2～3分煮る。
6　器にソースを敷き、食べやすく切った鶏肉を盛り、好みでクレソンを添える。

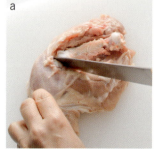
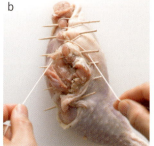

関節から下の骨に沿って包丁を入れ、身を切り離して肉を開き、関節を切って骨を抜く(a)。
中身を詰めたらようじを刺し、たこ糸をひっかけて口を閉じる(b)。

鶏肉 チキンヨーグルトカレー

カレー粉をまぶして下味をつけた鶏肉は、香味野菜やヨーグルトを加えたカレーソースでやわらかく煮込みます。野菜は蒸し焼きにしてカレーに添えて。

✖ 材料　4人分
鶏もも肉　大2枚(約600g)
A 塩　小さじ½
　 カレー粉　大さじ½
玉ねぎ　大2個
にんにく　1かけ
しょうが　小½かけ
トマト(完熟)　大1個
プレーンヨーグルト　200g
B カレー粉　大さじ4
　 ローリエ　1枚
　 シナモンスティック　½本
　 赤唐辛子　2本
なす　4本
ズッキーニ　1本
塩　適量
サラダ油　適量
温かいご飯　800g

✖ 作り方
1　鶏肉は1枚を6等分に切り、Aをまぶして約10分おく。
2　玉ねぎ、にんにく、しょうがはみじんに切り、トマトは1cm角に切る。
3　鍋にサラダ油を熱して玉ねぎ、にんにく、しょうがを炒め、ふたをして弱火で約10分加熱する。
4　3に鶏肉を加え、色が変わったらBを加えて炒める。トマト、ヨーグルト、塩小さじ1を加えて混ぜ、煮立ったらふたをして弱火で20～30分煮る。
5　なすとズッキーニは縞目に皮をむき、1～1.5cm厚さの輪切りにしてサラダ油大さじ2をからめる。
6　別の鍋を熱して5を入れ、ふたをして蒸し煮にし、軽く塩をふる。
7　器にご飯を盛り、4のチキンカレーと6の蒸し焼き野菜を盛る。

✖ Point
トマトも入れることで、ほのかで爽やかな酸味がある、軽やかなおいしさになる。

鶏肉 鶏ハム

鶏胸肉を香味野菜入りのマリネ液に一晩つけて味つけを。ロール状に成形したら、弱火で煮て、そのまま冷ますだけ。冷蔵庫で冷やすと切りやすくなります。

✖ 材料　2本分(4～6人分)
鶏胸肉　大2枚(約600g)
A 塩　小さじ1½
　 こしょう　少々
B 香味野菜(玉ねぎ、にんじん、
　　セロリなど)　適量
　 白ワイン　大さじ2
　 ローリエ　2枚
　 タイム　少々
　 レモンの半月切り　4枚
イタリアンパセリのみじん切り　少々
粗びき黒こしょう　少々
好みの野菜　適量

✖ 作り方
1　鶏肉は厚みのある部分は包丁で開くなど、厚みを均等にしてボウルに入れ、Aをふる。
2　Bの香味野菜は薄切りにし、ローリエは手で粗く裂く。
3　1にBを加えて混ぜ、保存袋に入れて冷蔵庫で一晩ほどつけ込む。
4　鶏肉をラップにのせ、手前から巻き込んでロール状にする。端はねじってたこ糸で結び、全体にたこ糸を巻き、もう片方の端もたこ糸で結ぶ。
5　鍋に水カップ6～7を沸かして4を入れる。再び煮立ったら、ふたをして弱火で8分ゆでてそのまま冷ます。
6　5を冷蔵庫へ入れて冷やし、8mm厚さに切る。好みの野菜とともに器に盛り、パセリとこしょうをふる。

✖ Point
弱火でゆっくり火を通すことで、しっとりとやわらかに仕上がる。

鶏肉 鶏肉のビール煮 マッシュポテト添え

煮込むとだしがよく出る、骨つきの鶏もも肉を使ったビストロ風の一品。ビールのうまみが味に深みを与え、また鶏肉もやわらかに仕上がります。バゲットに浸しながら、ソースも残さずどうぞ。

鶏肉のビール煮
✖ 材料　4人分
鶏もも骨つきぶつ切り肉　800g
玉ねぎ　1個
トマト　1個
マッシュルーム　150g
にんにく　1かけ
A　塩　小さじ½
　　こしょう　少々
小麦粉　大さじ2
ビール　350ml
ローリエ　1枚
バター　大さじ2
サラダ油　適量
塩　小さじ⅔
こしょう　少々
バゲット　適宜

✖ 作り方
1　ボウルに鶏肉を入れてAをもみ込む。約10分おいたらペーパータオルで軽く水けをふき、小麦粉をまぶす。
2　玉ねぎとにんにくはみじんに切り、トマトは種を取って1cm角に切る。マッシュルームは大きなものは縦半分に切る。
3　鍋にサラダ油大さじ1を熱して鶏肉を入れ、中火で両面を焼いて取り出す。
4　鍋にバターを熱し、玉ねぎ、にんにくをしんなりするまで炒め、マッシュルームを加えてサッと炒める。鶏肉を戻し入れ、トマト、ローリエ、ビールを加え、煮立ったら塩、こしょうをし、ふたをして弱火で約30分煮込む。
5　器に盛ってマッシュポテトと、好みでバゲットを添える。

マッシュポテト
✖ 材料　作りやすい分量
じゃが芋　4個
A　牛乳　カップ½
　　バター　大さじ2
　　塩　小さじ¼
　　こしょう　少々

✖ 作り方
1　じゃが芋は皮をむいて2～3cm角に切り、約10分水にさらして水けをきる。
2　鍋に1を入れ、ひたひたの水を加えて中火にかける。煮立ったら、ふたをして弱火で12～15分、やわらかくなるまでゆでる。
3　2をざるに上げて湯をきり、鍋に戻す。鍋を揺すって、余分な水けをとばし、熱いうちに裏ごしする。
4　鍋にAを入れて火にかけ、煮立ったら3を加え、なめらかになるまで練り合わせる。

鶏肉　手羽元とれんこんの酢煮

味つけは、酢にしょうがや赤唐辛子、砂糖などを加えた甘酸っぱ辛い合わせ調味料。酢の効果で鶏肉はやわらかくなり、酸味がきいたさっぱりとした味つけで箸が進みます。

✗ 材料　4人分
手羽元　8本(約450g)
れんこん　小2節(約400g)
ゆで卵　4個
水　カップ2/3
A 酢　カップ1/2
　酒　カップ1/3
　みりん　大さじ3
　砂糖　大さじ3
　しょうゆ　大さじ5〜6
　しょうが　小1かけ
　赤唐辛子　1本

✗ 作り方

1　れんこんは皮をむいて2cm厚さの輪切りにして、水でサッと洗って水けをきる。Aのしょうがは皮つきのまま輪切りにする。

2　鍋に手羽元と分量の水を入れて中火にかけ、煮立ったら、弱火にしてあくを取る。

3　2にれんこん、殻をむいたゆで卵、Aを加えて中火で煮る。煮立ったら、ふたをして弱火にし、途中上下を返して20〜25分煮込む。

鶏肉　鶏肉ともち麦の洋風煮込み

鶏もも肉やエリンギなどを煮込んでうまみを引き出し、バターで深みをプラス。最後に加えるもち麦は、そのおいしさを丸ごと吸ってもちもち、ぷちぷち食感に。一品でおなかも満足の、主食にもなる煮込みです。

✗ 材料　4人分
鶏もも肉　小2枚(約400g)
A 塩　小さじ1/4
　こしょう　少々
もち麦　100g
エリンギ　大1袋
玉ねぎ　小1個
白ワイン　大さじ3
B 水　カップ2
　ローリエ　1枚
サラダ油　大さじ1/2
バター　大さじ2
塩　小さじ2/3
こしょう　少々
パセリのみじん切り　大さじ3

✗ 作り方

1　鶏肉は3〜4cm角に切り、Aをもみ込む。

2　エリンギは根元のかたい部分を切り落として縦2〜4等分に切ってから3〜4cm長さに切る。玉ねぎはみじん切りにする。

3　鍋にサラダ油とバターを熱し、玉ねぎをしんなりするまで炒める。鶏肉を加え、色が変わったらエリンギを加えて炒め、白ワインをふる。

4　3にBを加え、煮立ったら洗ったもち麦を加える。塩、こしょうで調味し、ふたをして弱火で20〜25分煮込む。器に盛り、パセリをふる。

鶏肉	# 鶏肉とピーマンの蒸し煮

ピーマンはへたも種も取らずに丸ごと鶏肉と一緒に煮るのがポイント。
うまみを逃さないので、ピーマンらしさが味わえるうえ、一度にピーマンがたくさん消費できます。

✖ 材料　4人分
鶏もも肉　大１枚(約300g)
ピーマン　12個(約400g)
A　酒　大さじ２
　　みりん　大さじ１
　　しょうゆ　大さじ２〜２½
サラダ油　大さじ１

✖ 作り方
1　鶏肉は３〜４cm角に切る。ピーマンは洗って水けをふく。
2　鍋にサラダ油を熱して、鶏肉を皮目を下にして入れる。両面を焼きつけて取り出し、ピーマンを丸ごと加えてサッと炒め、鶏肉を戻し入れる。
3　Aを加えて混ぜ、ふたをして途中上下を返し、弱火で約15分蒸し煮にする。

鶏肉	# 鶏肉とブロッコリーのクリーム煮

鶏胸肉と相性のいいブロッコリーをミルクベースのルウでまとめました。
まろやかなクリーム煮に、ミニトマトの酸味がアクセントになります。

✖ 材料　4人分
鶏胸肉　大１枚(約300g)
ブロッコリー　１個
玉ねぎ　½個
ミニトマト　８個
A　水　カップ½
　　塩　小さじ⅔
白ワイン　大さじ２
牛乳　カップ１½
サラダ油　大さじ１
塩、こしょう　各適量

✖ ブールマニエの材料
バター　大さじ２
小麦粉　大さじ２

✖ 作り方
1　鶏肉は縦半分に切り、１〜1.5cm厚さの一口大のそぎ切りにして、塩、こしょう各少々をふる。
2　ブロッコリーは小房に分け、玉ねぎはみじん切りにする。ミニトマトはへたを取る。
3　ブールマニエを作る。ボウルにバターを入れて小麦粉を加え、フォークの先でバターを切るようにして混ぜる。
4　鍋にブロッコリーとAを入れて中火にかける。煮立ったら、ふたをして途中上下を返し、弱火で約３分蒸して取り出す。
5　４の鍋を軽くふいてサラダ油を熱し、玉ねぎを中火でしんなりするまで炒める。鶏肉を加えて炒め、色が変わったら白ワインをふり、水カップ½を加える。煮立ったら、ふたをして弱火で７〜８分煮る。
6　５に塩、こしょう各少々をして牛乳を加え、煮立ったらブロッコリーとトマトを加える。再び煮立ったら、３のブールマニエを加えて混ぜ、とろみをつけて器に盛る。

✖ Point
バターと小麦粉を合わせたブールマニエを使うことで、とろみづけも簡単にできる。

麻婆春雨

ひき肉

豚ひき肉を香味野菜とともに炒め、味つけしたあとに乾燥したままの春雨を入れるだけ。
ピリ辛味でビールなど、お酒も進む味です。

✖ 材料　4人分

豚ひき肉　200g
春雨（あれば緑豆春雨）　100g
A　にんにくのみじん切り　1かけ分
　　長ねぎのみじん切り　大さじ4
　　しょうがのすりおろし　小さじ1
豆板醤（トウバンジャン）　小さじ½～1
酒　大さじ3
水　カップ1
B　砂糖　大さじ½
　　しょうゆ　大さじ2
ごま油　大さじ½
サラダ油　大さじ½

✖ 作り方

1　春雨は乾燥した状態のまま、キッチンばさみで7～8cm長さに切る。
2　鍋にサラダ油を熱し、ひき肉を入れて中火でほぐすようにして炒める。ポロポロになったらAを加えて炒め、豆板醤を加える。
3　2に酒をふり、分量の水を加え、煮立ったらBで調味する。ふたをして弱火で約10分煮る。
4　3に春雨を加えて混ぜ、ふたをして途中上下を返して5～6分、水分がなくなるまで蒸し煮にする。最後にごま油を回しかける。

春雨は水でもどさず、そのまま入れることで調味料をよく吸う。

✖ Point

ひき肉や調味料のうまみなどを春雨が吸い、水でもどすより味わい深く、コリコリとした食感になる。

かぼちゃのひき肉詰め蒸し

ひき肉

縦半分に切ったかぼちゃにひき肉の肉だねを詰め、そのまま鍋に入れて蒸した豪快な料理です。ふたを開けたときの見た目のインパクトや、切り分けて食べる楽しさも魅力です。

材料　4〜6人分

- 鶏ひき肉　300g
- かぼちゃ　大½個(約1kg)
- 玉ねぎ　½個
- しめじ　小1袋(約100g)
- バター　大さじ½
- 小麦粉　少々
- 塩　小さじ⅔
- こしょう　少々
- 水　カップ½〜⅔

作り方

1. かぼちゃは皮を洗って水けをふき、スプーンで種とわたをかき出す。底になる部分を少し切り落とす(鍋に入れたときに安定する)。
2. 玉ねぎはみじん切りにし、バターでしんなりするまで炒めて冷ます。しめじは根元を切り落とし、長さを半分に切ってほぐす。
3. ボウルにひき肉、玉ねぎ、塩、こしょうを入れて手で混ぜ、しめじを加えて混ぜ合わせる。
4. かぼちゃの内側に小麦粉を薄くまぶし、3を詰める。
5. 鍋に4のかぼちゃを入れて分量の水を注ぎ、ふたをして中火にかける。煮立ったら、弱火にして50分〜1時間蒸す。竹串を刺してスーッと通ったら、蒸し上がり。

Point

ひき肉は加熱すると縮むので、かぼちゃの内側に小麦粉を薄くまぶすとはがれにくくなる。

ひき肉 韓国風肉じゃが

新じゃがを皮つきのまま丸ごと使い、にんにくやしょうがをきかせた韓国風の味つけで仕上げました。新じゃがの甘みとパンチのきいた調味料がよく合います。

✳ 材料　4人分
牛ひき肉（または合いびき肉）　300g
新じゃが　小800g
A にんにくのみじん切り　大１かけ分
　しょうがのみじん切り　小½かけ分
　長ねぎのみじん切り　大さじ4
酒　大さじ3
水　カップ½
コチュジャン　大さじ１
B しょうゆ　大さじ4
　粉唐辛子　少々
サラダ油　大さじ½
ごま油　大さじ½
万能ねぎ　4本
いり白ごま　少々

✳ 作り方
1　新じゃがはよく洗って水けをふく。
2　鍋にサラダ油を熱してひき肉をほぐすようにして炒め、ポロポロになったら新じゃがを皮つきのまま加えて一炒めし、Aを加える。
3　2に酒をふり、分量の水を加える。煮立ったらコチュジャンを加えて混ぜ、ふたをして弱火で約15分煮る。Bを加え、途中上下を返しながら、ふたをして約15分煮る。最後にごま油をふる。
4　3を器に盛り、小口切りにした万能ねぎを散らし、ごまをふる。

ひき肉 白菜のひき肉はさみ鍋

肉だねをみそとしょうゆで味つけした和風の鍋。白菜の葉の間に肉だねをはさんで、弱火で１時間。白菜からたっぷりの水分が出るので、水は少量入れればOK。とろっとろの白菜が美味です。

✳ 材料　4〜6人分
豚ひき肉　400g
白菜　½個（約2kg）
A 長ねぎのみじん切り　大さじ6
　しょうがのすりおろし　小１かけ分
　みそ（信州みそなど）　大さじ4
　酒　大さじ3
　しょうゆ　大さじ１
　ごま油　大さじ１
酒　大さじ4
水　カップ½

✳ 作り方
1　ボウルにひき肉とAを入れて手で混ぜる。
2　白菜は芯つきのまま縦半分に切る。それぞれ葉と葉の間にひき肉をはさんだら芯を切り取り、鍋の深さに合わせて、8cm長さほどに切る。
3　鍋に白菜の切り口が上になるようにピッチリ詰め込み（4ページ写真参照）、酒をふって分量の水を注ぐ。ふたをして中火にかけ、煮立ったら弱火にして約１時間、白菜がとろとろになるまで煮る。

白菜にひき肉をはさむときは、芯を残すのがポイント。
芯を切り離してしまうと、葉がバラバラになってはさみにくい。

鶏ひき肉の茶巾とかぶの煮物

ひき肉

鶏ひき肉で作った肉だねを油揚げに入れて茶巾にし、かぶと一緒にサッと煮て。どちらも火が通りやすい食材なので、短時間で煮上がります。ホッとするやさしい味。

✖ 材料　3〜4人分
- 鶏ひき肉　250g
- 油揚げ　3枚
- かぶ　小6個
- かぶの葉　100g
- A　長ねぎのみじん切り　大さじ3
  - しょうがのすりおろし　小1かけ分
  - 酒　大さじ2
  - 片栗粉　大さじ½
  - 水　大さじ1
- だし汁　カップ3
- B　酒　大さじ2
  - みりん　大さじ1
  - しょうゆ　小さじ1
  - 塩　小さじ1

✖ 作り方
1　茶巾を作る。油揚げは長さを半分に切り、中をはがして袋状にする。
2　ボウルにひき肉とAを入れて手で混ぜ、6等分して丸く成形する。油揚げに詰め、ようじで口を閉じる。
3　かぶは茎を約3cm残して葉を切り落とし、皮をむいて縦半分に切る。水に約10分さらして茎の間の泥などを洗い落とし、葉は3〜4cm長さに切る。
4　鍋にだし汁を煮立ててBで調味し、2の鶏茶巾とかぶを加える。煮立ったらふたをして弱火で約10分煮、かぶがやわらかくなったら、かぶの葉を加えて約2分煮る。

油揚げの切り口にジグザグのひだを寄せ、ようじを刺して閉じるとかわいい茶巾形に。

れんこんのひき肉はさみ蒸し ポン酢かけ

ひき肉

れんこんに鶏ひき肉をはさんで蒸し焼きに。鶏ひき肉のやわらかさにれんこんのシャキシャキ感がよく合います。ポン酢をかけてさっぱりと。

材料　2～3人分
- 鶏ひき肉　200g
- れんこん　1節(約300g)
- A
  - 長ねぎのみじん切り　大さじ3
  - しょうがのすりおろし　小さじ1
  - 酒　大さじ2
  - 塩　小さじ1/3
  - 片栗粉　大さじ1/2
  - 水　大さじ1～2
- 片栗粉　少々
- 酒　大さじ2
- サラダ油　大さじ1
- ポン酢　適量

作り方
1. ボウルにひき肉とAを入れて手で混ぜる。
2. れんこんは皮をむいて5～6mm厚さの輪切りにして水でサッと洗い、水けをふく。
3. れんこんを並べ、表面に薄く片栗粉をふる。れんこんの半量に1をのせて平らにし、残りのれんこんを片栗粉の面がひき肉につくようにしてはさむ。
4. 鍋にサラダ油を熱し、3を入れて酒をふり、ふたをして弱火で約10分蒸し焼きにする。返してふたをし、5～6分蒸す。器に盛ってポン酢をかける。

Point
れんこんは厚めに切ることで、よりシャキシャキ食感が味わえる。

チリコンカン

ひき肉

金時豆たっぷりで食べごたえあり。そのまま食べてもよし、バゲットなどパンを添えても。豆は多少煮くずれても、とろみになっておいしさが増します。

材料　4人分
- 合いびき肉　300g
- 金時豆　300g
- A
  - 玉ねぎのみじん切り　小1個分
  - にんにくのみじん切り　1かけ分
- B
  - 赤唐辛子　1本
  - ローリエ　1枚
- トマト水煮缶(ホール)　1缶(400g)
- 白ワイン　カップ1/3
- 豆のゆで汁　カップ1
- C
  - カイエンペッパー　小さじ1/4
  - 塩　小さじ2
  - こしょう　少々
- サラダ油　大さじ1

作り方
1. 豆を煮る。金時豆はサッと水洗いし、ゆでる鍋に入れて水カップ6を加え、6時間から一晩浸す。
2. 1はつけ汁のまま中火にかけ、煮立ったらざるに上げてゆで汁をきる。新たにかぶる程度の水を加えてふたをし、煮立ったら、弱火で15～20分ゆでる。火を止めて約30分おいて余熱で火を通し、煮豆とゆで汁に分ける。
3. 鍋にサラダ油を熱し、Aを中火でしんなりするまで炒め、Bとひき肉を加えて炒める。肉の色が変わったら、白ワインをふり、煮豆、手でつぶしたトマト、豆のゆで汁を加える。
4. 煮立ったらCで調味し、ふたをして弱火で約30分煮込む。

さばのみそ煮

魚

さばは皮に切り目を入れると、火の通りが早くなるうえ、反りにくくなって見た目もきれいに仕上がります。また、ごぼうのゆで汁に調味料を加えてさばを煮ると、臭み消しに。ごぼうの風味がさばに移って美味。

✖ 材料　4人分
さば(三枚におろしたもの)　大1尾分
ごぼう　200g
水　カップ2
A｜しょうがのすりおろし　小さじ2
　｜酒　大さじ3
　｜みりん　大さじ2
　｜砂糖　大さじ1〜2
みそ　60g
赤唐辛子　1本

✖ 作り方
1　さばは1枚を半分の長さにそぎ切りにし、皮目に浅く格子状の切り目を入れる。
2　ごぼうは包丁で皮をこそげて10cm長さに切り、縦半分に切る。水でサッと洗い、水けをきる。
3　鍋にごぼうと分量の水を入れ、中火にかける。煮立ったらふたをして、弱火で10〜15分、ごぼうがやわらかくなるまで煮て取り出す。
4　3の鍋にAを加え、煮立ったら、さばを皮目を上にして重ならないように並べ入れる。スプーンで煮汁をかけながら表面の色が変わったら、赤唐辛子とみそを加え、ふたをして弱火で約10分煮る。
5　さばを端に寄せ、3のごぼうを加える。ふたをし、弱火でさらに5〜6分煮て器に盛る。

さばは煮汁をかけながら煮て、表面の色が変わったらみそを加える。少量の煮汁でみそを溶いてから加えるとなじみやすい。

白身魚の中華ねぎ蒸し

魚

酒と塩をまぶした白身魚をキャベツを敷いた鍋に入れ、そのまま蒸すだけ。
くずれないよう、キャベツごと器に盛ります。ねぎとごま油の風味が食欲をそそります。

✕ 材料　2人分
白身魚（鯛や鱈などの切り身）
　　2切れ（約200g）
A｜酒　大さじ1
　｜塩　小さじ1/2
長ねぎ　1/2本
しょうが　小1かけ
キャベツ　150g
酒　大さじ2
水　大さじ4
ごま油　小さじ2
ラー油　少々

✕ 作り方

1　白身魚は皮目に3〜4本浅く切り目を入れ、Aをまぶして約10分おく。

2　長ねぎは長さを半分に切る。縦半分に切り、青い芯は取って斜めせん切りにし、冷水でサッと洗って水けをきる。しょうがはせん切りにし、キャベツは芯を取って5〜6cm角に切る。

3　鍋にキャベツを敷き詰め、白身魚を皮目を上にしてやや間隔をあけて並べ、しょうがを散らす。酒をふって分量の水を加え、ふたをして中火にかける。煮立ったら弱火にして約10分蒸し、長ねぎをのせてごま油をふり、ふたをしてさらに約5分蒸す。

4　キャベツごと器に盛り、ラー油をたらす。

✕ Point

白身魚を蒸している間は、触るとくずれる原因になるのでできるだけ触らないように。

さんまのオイル煮

魚は加熱すると身がくずれやすいので、鍋に入れたら触らずに調理するのが上手に仕上げるポイントです。
さんまを煮るオリーブ油には、にんにくやローリエを加えて風味よく。オイルもおいしい！

✖ 材料　4人分
さんま　4尾
にんにく　2かけ
ローリエ　2枚
A 赤唐辛子　小4〜5本
　タイム（あれば生）　1〜2本
　パセリのみじん切り　大さじ2
　白ワイン　大さじ2
オリーブ油　カップ1/3
塩　小さじ1
こしょう　少々
レモンのくし形切り　4切れ

✖ 作り方

1 さんまは包丁でうろこを取る。頭を切り落とし、切り口から内臓を包丁の先で押さえ、さんまを引くようにして内臓を引き抜く。水洗いして水けをしっかりふき取る。

2 さんまの両面の皮目に浅く1cm幅の切り込みを入れ、長さを半分に切る。

3 にんにくは縦に薄切りにし（芯は取る）、ローリエは半分にちぎる。鍋にオリーブ油とともに入れ、弱火にかける。香りが立ったら、重ならないようにさんまを並べ、塩、こしょうをふる。

4 3にAを加えてふたをし、弱火のまま途中上下を返しながら10〜15分煮る。器に盛り、レモンを添える。

魚 かじき入りカポナータ風

パプリカやなすなどの夏野菜に、淡白なかじきがよく合います。バーミキュラは密閉性が高いので、ふたをして弱火で加熱することで、野菜からたっぷりの水分とうまみや甘みが引き出され、おいしさが増します。

✖ 材料　3〜4人分
- めかじき(切り身)　2切れ
- A 塩、こしょう　各少々
- パプリカ(黄、オレンジ、赤)　各1個
- ズッキーニ　1本
- なす　3本
- セロリ　1本
- トマト　大1個
- 玉ねぎ　½個
- にんにく　1かけ
- B 白ワイン　大さじ2
-   塩　小さじ1
-   こしょう　少々
- はちみつ　大さじ3
- レモン汁　大さじ3
- オリーブ油　大さじ5

✖ 作り方
1　かじきは2〜2.5cm角に切り、Aをふる。

2　パプリカは2〜2.5cm角に、ズッキーニとなすは2cm厚さのいちょう切りにする。セロリは筋を取って2cm角に切る。トマトは種を取って1cm角に切り、玉ねぎとにんにくはみじんに切る。

3　鍋にオリーブ油大さじ1を中火で熱し、かじきの両面を焼いて取り出す。

4　3の鍋に残りのオリーブ油を足し、玉ねぎとにんにくをしんなりするまで炒める。パプリカ、ズッキーニ、なす、セロリを加えて油がまわるように炒めたら、トマトを加える。かじきを戻し入れ、Bを加える。

5　ふたをして、ときどき上下を返して混ぜながら弱火で15〜20分煮て、最後にはちみつとレモン汁を加えて一煮する。

✖ Point
野菜は大きさを揃えて切ることで、火の通りが均一になり、また食べたときの口当たりも揃って美味に。

たらと豆腐の中華風ピリ辛煮

魚

たらと豆腐という淡白な素材も、干ししいたけのだしがきいたピリ辛の合わせ調味料で味つけすることで、ご飯が進む主菜になります。

✳ 材料　2〜3人分
- たら(切り身)　2切れ
- 木綿豆腐　1丁
- 干ししいたけ　小4枚
- A にんにく　1かけ
  - しょうが　小1かけ
  - 赤唐辛子　2本
- 酒　大さじ3
- しいたけのもどし汁(または水)　カップ1/3
- B 砂糖　大さじ1
  - しょうゆ　大さじ3
- サラダ油　大さじ2

✳ 作り方
1　たらは1切れを3等分に切る。豆腐は縦半分に切り、2cm厚さに切る。干ししいたけは水でもどして軸を除き、縦半分のそぎ切りにする(もどし汁は取っておく)。にんにくは縦半分に切り、しょうがは皮つきのまま輪切りにする。赤唐辛子は斜め半分に切って種を取る。

2　鍋にサラダ油とAを入れて弱火で熱し、香りが立ったら、たらを加えて中火で両面を焼き、取り出す。

3　2の鍋に豆腐を入れて両面を焼き、干ししいたけを加えて、たらを戻し入れる。酒をふり、しいたけのもどし汁を加える。煮立ったら、Bを加えてふたをし、弱火で約10分煮る。

✳ Point
たらは一度焼いてから煮ることで、煮くずれせず香ばしさも増す。

魚

いわしの梅煮

いわしは梅干しやしょうがと煮ることで、臭みが消えてやわらかく煮上がります。
風味の強い、しょうがの皮や梅干しの種も捨てずに入れて。しょうがは食べごたえを感じるよう、厚めに切ります。

✕ 材料　3人分
いわし　6尾(頭と内臓を取り約400g)
A しょうが　大1かけ
　赤唐辛子　1本
　梅干し　3〜4個
B 酒　カップ½
　みりん　大さじ3
　砂糖　大さじ1
　しょうゆ　大さじ2
　水　カップ½

✕ 作り方
1 いわしは包丁でうろこを取る。頭を切り落とし、腹の部分を斜めに切り落として内臓を包丁の先でかき出し、中骨のところの血合いを水でよく洗って水けをふく。

2 しょうがは皮をむいて厚めの輪切りにする(むいた皮は取っておく)。梅干しは種と果肉に分ける。

3 鍋にいわしを並べて上にAを散らし、しょうがの皮と梅干しの種を加え、Bを注いで中火にかける。煮立ったら、ふたをして弱火で約20分煮て火を止め、そのまま冷ます。

| 野菜 | # カリフラワーのひき肉包み煮 |

小房に分けたカリフラワーを肉だねで包み、見た目もコロコロとかわいい煮物。
だし汁で煮て、最後にとろみづけとゆずをきかせたホッとする味です。

✖ 材料　2人分
カリフラワー　½個(約250g)
鶏ひき肉　200g
A　長ねぎのみじん切り　大さじ3
　│しょうがのすりおろし　小さじ½
　│酒　大さじ2
　│塩　小さじ¼
　│片栗粉　大さじ1
　│水　大さじ1〜2
だし汁(または水)　カップ2½
B　酒　大さじ3
　│みりん　大さじ2
　│しょうゆ　小さじ½
　│塩　小さじ½
片栗粉　大さじ2
水　大さじ2
ゆずの皮のせん切り　適宜

✖ 作り方
1　カリフラワーは8房に切り分ける。
2　ボウルにひき肉を入れ、Aを加えて手でよく混ぜる。8等分にしてボール状に丸める。
3　手を水で濡らし、2の肉だねを丸く薄くのばす。カリフラワーの花の部分に片栗粉少々(分量外)をまぶして、肉だねで包むようにする。
4　鍋にだし汁を入れて中火で熱し、煮立ったらBを加えて調味する。3のカリフラワーの肉面を下にして入れ、再び煮立ったら、ふたをして弱火で約15分、途中上下を返し、カリフラワーがやわらかくなるまで煮る。
5　カリフラワーを器に盛り、残りの煮汁に片栗粉を水で溶いたものを加えてとろみをつける。好みでゆずの皮を加えて一煮し、カリフラワーにかける。

煮ている最中に肉だねがはがれないよう、カリフラワーの表面に薄く片栗粉をつけてから肉だねで包む。

野菜 丸ごと玉ねぎのツナソースかけ

玉ねぎは十字に切り目を入れて、塩と少しの水を加えて蒸すだけ。玉ねぎ本来の甘みが引き出され、マヨネーズとサワークリームを加えてコクを出したツナソースとよく合います。

✖ 材料　4人分
玉ねぎ　4個（1個約150g）
水　カップ1/2～1
塩　小さじ1/2
A　ツナ缶　1缶（70g）
　　マヨネーズ　大さじ3
　　サワークリーム　大さじ2
　　玉ねぎのみじん切り　大さじ2
　　パセリのみじん切り　大さじ2
　　塩、こしょう　各少々

✖ 作り方
1　玉ねぎは皮をむいて上下を切り揃え、上から2/3くらいまで包丁で十字の切り目を入れる。
2　鍋に玉ねぎを並べて分量の水を注ぎ、塩を全体にふって中火にかける。煮立ったらふたをし、弱火で40～50分、玉ねぎがやわらかくなるまで蒸し煮にする。
3　ツナは缶汁ごとボウルに入れてフォークなどで細かくほぐし、Aのほかの材料を加えて混ぜる。
4　器に玉ねぎを盛って蒸し汁を注ぎ、3をのせる。

野菜 くし形キャベツのエスニック風蒸し

ナンプラーやにんにくを加えたエスニックな味わいの肉だねを、くし形に切ったキャベツの切り口にラフに貼りつけるだけ。少量の水を加えて蒸せば完成！　時間がないときでもパパッとできて便利です。

✖ 材料　4人分
キャベツ　1/2個（約600g）
鶏ひき肉　150g
A　にんにくのみじん切り　小1かけ分
　　赤唐辛子　1～2本
　　砂糖　大さじ1
　　酒　大さじ2
　　ナンプラー　大さじ2
　　ごま油　大さじ2
水　大さじ2
レモン汁　大さじ2

✖ 作り方
1　キャベツは芯をつけたまま、縦4等分のくし形に切る。
2　赤唐辛子は種を取り、5mm幅の小口切りにする。ボウルにひき肉を入れ、Aを加えて手でよく混ぜる。
3　鍋にキャベツを切り口が上下になるように入れる。2の肉だねを4等分にして、キャベツに平らに貼りつける。分量の水を加えて中火にかけ、煮立ったらふたをして、弱火で約15分蒸す。キャベツがやわらかくなって肉だねに火が通ったら、レモン汁をふり、器に盛る。

| 野菜 | # じゃが芋と豚肉の重ね蒸し焼き |

じゃが芋と豚肉はそれぞれに下味をつけてから重ねることで、味つけにムラが出ません。
じゃが芋は8mm程度の厚さに切ると火の通りが早く、また食べごたえもあるのでおすすめです。

✕ 材料　3〜4人分
- じゃが芋　6個
- A　塩　小さじ2/3
- 　こしょう　少々
- 豚ロース薄切り肉　200g
- B　塩、こしょう　各少々
- オリーブ油　大さじ2
- 白ワイン　大さじ2
- ピザ用チーズ　60g
- パセリのみじん切り　大さじ2

✕ 作り方

1　じゃが芋は皮をむいて8mm厚さの輪切りにする。水でサッと洗い、水けをふいてボウルに入れ、Aをまぶす。豚肉は広げて全体にBをふる。

2　鍋にじゃが芋の半量を敷き、豚肉の半量を広げてのせる。残りも同様に重ねる。

3　2にオリーブ油と白ワインを回しかけ、ふたをして中火にかける。フツフツとしてきたら、弱火にして15〜20分蒸し焼きにする。

4　じゃが芋に竹串を刺してすっと通ったら、チーズとパセリを全体に散らし、ふたをして約2分、チーズが溶けるまで蒸し焼きにする。

✕ Point
じゃが芋は切ったら水でサッと洗う。こうすることで表面のでんぷんが落ちて、火の通りが早くなる。焦げ防止にも。

野菜 | 里芋の甘辛煮

だし汁にしょうゆや砂糖を加えた甘じょっぱい煮汁で、里芋を煮ます。里芋の外側には煮汁がしっかりしみて、中は里芋本来の甘みが感じられるシンプルなおいしさです。

✕ 材料　3〜4人分
- 里芋　大12個（皮をむいて約600g）
- A
  - だし汁　カップ1½
  - 酒　大さじ1
  - みりん　大さじ2
  - 砂糖　大さじ1
  - しょうゆ　大さじ2

✕ 作り方
1. 里芋は上下を切り落とし、縦に皮をむく。
2. ボウルに里芋を入れて塩大さじ1（分量外）をふり、手でもんでぬめりを取る。水洗いして水けをきる。
3. 鍋に里芋を入れ、Aを加えて中火にかける。煮立ったらふたをし、途中上下を返して弱火で約20分煮る。一度火を止め、粗熱を取る。
4. 再び中火にかけて温め、器に盛って煮汁を注ぐ。

野菜 | かぶとベーコンの蒸し煮

かぶは皮をむくことで火の通りが早くなり、またベーコンのうまみもよく吸収してくれます。かぶの茎や葉を最後に加えて彩りよく。

✕ 材料　3〜4人分
- かぶ　小7個
- スライスベーコン　100g
- かぶの葉　50g
- オリーブ油　大さじ1
- 塩　小さじ½
- こしょう　少々

✕ 作り方
1. かぶは茎を4〜5cm残して葉を切り落とし、皮をむく。ベーコンは長さを3等分に切る。
2. 鍋にオリーブ油とかぶを入れてベーコンをのせ、水大さじ2を回しかける。ふたをして中火にかけ、フツフツしてきたら弱火にして、約10分蒸し煮にする。塩、こしょうをして全体を混ぜ、ふたをしてさらに約10分、かぶがやわらかくなるまで蒸し煮にする。
3. かぶの葉は4〜5cm長さに切り、2の鍋に加えて混ぜる。ふたをして、弱火で約2分、葉がしんなりするまで蒸し煮にする。

✕ Point
かぶから水分が充分に出るので、加える水はごく少量でOK。

野菜 さつま芋と鶏肉の甘煮

素材は鶏もも肉とさつま芋だけというシンプルさですが、鶏肉のうまみとさつま芋の甘みが引き立て合って、くせになるおいしさです。さつま芋がおいしくなる冬の定番料理に。

✗ 材料　2〜3人分
さつま芋　大1本(約300g)
鶏もも肉　1枚(約250g)
A　酒　大さじ2
　みりん　大さじ2
　砂糖　大さじ3
　酢　大さじ2
　塩　小さじ½

✗ 作り方
1　さつま芋は皮つきのまま、一口大の乱切りにして水に約10分さらし、水けをきる。鶏肉は3〜4cm角の一口大に切る。
2　鍋に1を入れてAを加えて混ぜ、ふたをして中火にかける。煮立ったら弱火で10〜15分、さつま芋がやわらかくなるまで煮る。

✗ Point
さつま芋は水にさらしてでんぷんを落とすことで、乱切りでも煮くずれしにくくなる。

じゃが芋とたこの蒸し焼き

野菜

たこのうまみや、ローリエやローズマリーの香草の風味をじゃが芋がしっかり吸収。
バル風のメニューはワインが進みます。じゃが芋は水にさらし、でんぷんを取ります。

✖ 材料　2～3人分
じゃが芋　3個
ゆでだこ(足)　小4本(約200g)
にんにく　1かけ
ローリエ　1枚
ローズマリー　2枝
オリーブ油　大さじ3
塩　小さじ½
こしょう　少々
レモン(くし形切り)　適宜

✖ 作り方
1　じゃが芋は皮をむいて6等分のくし形に切り、水に約10分さらして水けをふく。たこの足は1本ずつに切り離し、にんにくは縦半分に切って芯を取る。
2　鍋にオリーブ油を熱し、1とローリエ、ローズマリーを入れて中火にかける。温まってきたら、ふたをして弱火で約15分蒸し焼きにし、返して塩、こしょうをする。ふたをして、さらに約15分蒸し焼きにする。
3　器に盛り、好みでレモンを添える。

豆 黒豆

豆にも種類があり、大豆の仲間である黒豆は煮くずれしにくいという特徴があります。
下ゆでせずに調味したゆで汁に浸し、そのまま煮てもOKです。

✗ 材料　作りやすい分量
黒豆　300g
A　グラニュー糖　250〜300g
　　しょうゆ　大さじ1
　　水　カップ6

✗ 作り方
1　黒豆はサッと洗ってざるに上げ、水けをきる。
2　鍋にAを入れて中火にかける。煮立ったら火を止め、黒豆を加えてふたをする。そのまま約8時間(一晩)浸す。
3　2の鍋を中火にかける。煮立って、表面に白いあく(泡)が出てきたらていねいに取る。弱火にしてふたをし、3〜4時間煮て火を止め、そのまま冷ます。

✗ Point
真っ黒く仕上げたい場合は、煮るときに鉄くぎなどを入れる。

豆 金時豆の甘煮

金時豆はいんげん豆の仲間で、やわらかく煮くずれしやすいという特徴があります。
ゆでこぼすことですっきりとした味の煮豆ができます。

✗ 材料　作りやすい分量
金時豆　300g
グラニュー糖　250〜300g
塩　少々

✗ 作り方
1　金時豆は水洗いし、ざるに上げて水けをきる。鍋に入れて水カップ6を注ぎ、約8時間(一晩)浸す。
2　1をつけ汁ごと中火にかけ、煮立って表面にあく(泡)が出てきたら、ざるに上げてゆで汁をきる。鍋に豆を戻し、新たにカップ3〜4の水を注ぐ。中火にかける。
3　2が再び煮立ったら、ふたをして弱火で約15分ゆでる。火を止めて粗熱が取れるまで約30分おき、余熱で火を通す。
4　3を中火にかけ、煮立ったらグラニュー糖の半量を加える。ふたをして弱火で約10分煮たら、残りのグラニュー糖と塩を加える。ふたをして約5分煮て火を止め、そのまま冷ます。

✗ Point
長時間加熱せず、余熱でゆっくり火を通すことで煮くずれを防げる。

ご飯

シンガポールライス

米に鶏もも肉やしょうがをのせて炊いたシンガポールライス。米が鶏肉のうまみや脂を吸収して、つやつやとした仕上がりです。鶏肉もふっくらジューシー。カリカリにローストしたにんにくをのせて。

✳ 材料　5～6人分
- 米　3合(540mℓ)
- 水　540mℓ
- 鶏もも肉　2枚(約500g)
- A｜酒　大さじ1
- 　｜塩　小さじ1/3
- B｜酒　大さじ2
- 　｜塩　小さじ1
- しょうがのせん切り　1かけ分
- にんにくの薄切り　1かけ分
- レタス　3枚
- きゅうり　1本
- トマト　1個
- 香菜(シャンツァイ)　少々
- サラダ油　大さじ1
- スイートチリソース(市販)　適量

✳ 作り方
1. 米はといでざるに上げ、水けをきる。鍋に入れ、分量の水を注いで約30分おく。
2. ボウルに鶏肉を入れ、Aを加えて混ぜる。
3. 米にBを加えて混ぜ、しょうがを散らし、鶏肉を皮目を上にしてのせる。ふたをして中火にかけ、煮立ったら弱火にして約13分炊く。火を止めて約13分蒸らす。
4. 鍋にサラダ油とにんにくを入れて弱火にかけ、カリカリになるまで炒めて取り出す。レタスは食べやすくちぎり、きゅうりは皮を縞目にむいて薄い輪切りに、トマトは薄い半月切りにする。香菜は葉を摘む。
5. 炊き上がったら鶏肉を取り出してご飯を混ぜる。鶏肉は縦半分に切ってから1cm幅に切る。器にご飯を盛り、鶏肉をのせ、レタス、きゅうり、トマトを盛る。香菜とにんにくチップをのせ、チリソースをかける。

✳ Point
鶏肉は鍋に入れる前にしょうがや酒、塩をなじませて下味をつけると、独特の臭みが消える。

ご飯

中華おこわ

もち米に干しえびや干し貝柱、干ししいたけなど、うまみが多く、だしがよく出る食材ともどし汁を加え、じっくり炊き上げます。ふたを取るとふわっといい香りが立ち上り、食欲が刺激されます。

✕ 材料　5〜6人分
もち米　3合(540ml)
干しえび　大さじ3
干し貝柱　2個
A｜酒　大さじ3
　｜水　カップ1
干ししいたけ　3〜4枚
ゆで竹の子　80g
長ねぎ　10cm
しょうが　小1かけ
酒　大さじ2
いり白ごま　少々
塩　小さじ1/2〜2/3
こしょう　少々
ごま油　大さじ2

✕ 作り方

1　ボウルに干しえびと干し貝柱を入れてAを注ぐ。干ししいたけはたっぷりの水につける。ともに一晩つけてもどす。

2　もち米はといでざるに上げて水けをきる。

3　干しえびと干し貝柱のもどし汁は取っておく。もどした干しえびは粗みじんに切り、干し貝柱はほぐす。

4　干ししいたけ、竹の子は8mm程度の角切りに、長ねぎは粗みじん切り、しょうがは5mm角に切る。

5　鍋にごま油を熱し、3のえびと貝柱、4を入れて中火で炒めたら、もち米を加えて炒め合わせ、酒をふる。

6　3のもどし汁と水を合わせて450mlにして5に注ぐ。塩、こしょうをして混ぜ、ふたをして中火で煮る。煮立ったら弱火で約15分炊く。

7　火を止め、約15分蒸らす。しゃもじで上下を返し、ふたをして約5分蒸らす。器に盛り、ごまをふる。

✕ Point

炊いたときにもち米となじむように、具材は小さめに切って。水分を少なめにしているので、炊き上がったら長めに蒸らすのがコツ。

ご飯 鯛めし

上品な味わいでごちそう感のある鯛めしも、切り身を使えば手軽にできます。炊き上がったら身をほぐしてどうぞ。おいしいおこげも、鍋で炊くご飯のお楽しみです。

材料　5～6人分
- 米　3合(540mℓ)
- 水　540mℓ
- 鯛(切り身)　3切れ
- A 酒　大さじ1
  - 塩　小さじ1/4
- B 酒　大さじ2
  - 塩　小さじ2/3
- みつば　1束

作り方
1　米はといでざるに上げて水けをきる。鍋に入れ、分量の水を注いで約30分おく。

2　ボウルに鯛を入れ、Aをふって混ぜる。

3　1の鍋にBを加えて混ぜ、米の上に2の鯛をのせる。ふたをして中火にかけ、煮立ったら弱火にして約13分炊く。火を止めて約13分蒸らす。

4　ご飯が炊けたら鯛を取り出し、骨を取って鍋に戻し入れる。6～7mm長さに切ったみつばを加えて全体をよく混ぜ、鯛をほぐす。

第 2 章
副菜

野菜を中心とした、
食卓の名脇役となる
小さなおかずをご紹介します。
14cmの小さめサイズは
そんな副菜作りに大活躍。
一度使ったら手放せない
魅力があります。

副菜 えびときのこのアヒージョ

いろいろな素材をオイル煮するアヒージョはバルの人気メニュー。大きな鍋では作りにくく、小さめサイズの鍋があると便利です。14cmのバーミキュラなら見た目もかわいく、食卓にそのまま出せます。

✖ 材料　2人分
むきえび（小さめのもの）　100g
マッシュルーム　120g
レモン汁　少々
にんにく　2かけ
赤唐辛子　3本
A｜パセリのみじん切り　大さじ1
　｜塩　小さじ1/3
　｜こしょう　少々
オリーブ油　カップ1/2
バゲット　10cm

✖ 作り方
1　えびは背わたがあれば取り、水で洗って水けをふく。
2　マッシュルームは縦半分に切り、レモン汁をふる。にんにくは縦半分に切る。
3　鍋にオリーブ油、にんにく、赤唐辛子を入れ、弱火にかける。香りが立ったらマッシュルームを加え、ふたをしてしんなりするまで5～6分加熱する。
4　えびとAを加えて、えびに火が通るまで加熱する。6～8mm厚さに切って、軽くトーストしたバゲットを添える。

副菜 残り野菜のグリーンポタージュ

じゃが芋、ブロッコリー、小松菜、玉ねぎを合わせてポタージュスープに。キッチンや冷蔵庫にちょこっと残った半端野菜でもいいのです。

✖ 材料　3～4人分
じゃが芋　1個
ブロッコリー　120g
小松菜　80g
玉ねぎ　1/4個
バター　大さじ1
牛乳　カップ1 1/2
塩　小さじ1/3
こしょう　少々

✖ 作り方
1　じゃが芋は皮をむいて5mm厚さのいちょう切りにして、水に約10分さらして水けをふく。ブロッコリーは小房に分けて縦1cm幅に切る。小松菜は2cm長さに切り、玉ねぎは薄切りにする。
2　鍋を弱めの中火にかけてバターを溶かし、玉ねぎがしんなりするまで弱火で炒める。じゃが芋を加えて炒め、水カップ2/3を加えてふたをし、弱火で約8分煮る。
3　2にブロッコリー、小松菜、塩、こしょうを加え、さらに約5分煮て火を止め、粗熱を取る。
4　3をフードプロセッサーにかけてピューレ状にし、鍋に戻して牛乳を加えて混ぜ、弱火で温める。

✖ Point
弱火でゆっくり加熱することで、野菜のうまみを引き出せる。

| 副菜 | **ズッキーニのオイル蒸し焼き** |

ズッキーニをオリーブ油で焼きつけ、ふたをして蒸し焼きに。
調味料は塩とこしょうだけ、と超シンプルですが、ズッキーニの味がちゃんと感じられておいしい！

✖ 材料　2〜3人分
ズッキーニ　1本(約200g)
オリーブ油　大さじ3
塩、こしょう　各少々

✖ 作り方
1　ズッキーニは1cm厚さの輪切りにする。
2　鍋にズッキーニを入れ、オリーブ油を加えてからめ、塩、こしょうをする。ふたをして弱めの中火にかける。
3　鍋が温まったら弱火にして、約5分蒸し焼きにして上下を返す。ふたをしてさらに約5分蒸し焼きにする。

| 副菜 | **芽キャベツとベーコンの蒸し焼き** |

味に主張のある芽キャベツに合わせたのはベーコンのコク。ベーコンに塩けがあるので、塩、こしょうはお好みで。
芽キャベツは十字に切り目を入れると、火が通りやすく味もよくしみます。

✖ 材料　2〜3人分
芽キャベツ　200g
スライスベーコン　50g
オリーブ油　大さじ2
塩、こしょう　各少々

✖ 作り方
1　芽キャベツは上から半分くらいまで包丁で十字に切り目を入れる。ベーコンは4〜5cm長さに切る。
2　鍋にオリーブ油と芽キャベツを入れ、油をからめる。ベーコンをのせてふたをし、弱めの中火にかける。
3　鍋が温まったら弱火にし、約8分蒸し焼きにする。上下を返し、芽キャベツがやわらかくなるまでさらに約8分蒸し焼きにして、塩、こしょうで味を調える。

副菜 長ねぎの蒸し煮

白い見た目も美しい長ねぎの蒸し煮。長ねぎの表面に細かい切り目を入れ、火の通りをよくし、弱火でジワジワ火を通すことで、甘さが引き出されます。

材料　2〜3人分
- 長ねぎ　2本(200g)
- ローリエ　1枚
- 塩　小さじ1/3
- 水　カップ1/2

作り方
1. 長ねぎは4cm長さに切り、表面2ヵ所に浅く3本ほどの切り目を入れる。
2. 鍋に長ねぎを並べて分量の水を注ぎ、ローリエと塩を加えてふたをし、弱めの中火にかける。煮立ったら、弱火にして約10分煮る。火を止め、そのまま冷まして味をなじませる。

Point
煮るときにローリエを1枚入れることで、より風味が増す。

副菜 にんじんのはちみつレモン蒸し

にんじんにはちみつやシナモンを加えてやわらかく煮たら、レモン汁の酸味でアクセントを。甘酸っぱくておやつのような味なので、にんじん嫌いでも食べられてしまうおいしさです。

材料　2〜3人分
- にんじん　2本
- A　はちみつ　大さじ2
-    シナモンスティック　1/2本
-    水　カップ1/2
- レモン汁　大さじ1 1/2
- ミント　適宜

作り方
1. にんじんは皮をむいて長さを半分に切り、太い部分は縦4等分、細い部分は縦半分に切る。
2. 鍋ににんじんとAを入れてふたをし、弱めの中火にかける。煮立ったら弱火にして約15分煮る。
3. 2がやわらかくなったら、レモン汁を加えてさらに約3分煮る。器に盛り、ミントを添える。

副菜 ミックスきのことアンチョビのワイン蒸し

しいたけとしめじを相性のいいアンチョビと合わせて、奥深いうまみを引き出します。
ほかのきのこでもおいしくできます。主菜のつけ合わせにしたり、密閉容器に入れて常備菜としても。

✖ 材料　2〜3人分
しいたけ　6個
しめじ　大1袋
アンチョビ　4枚
白ワイン　大さじ2
オリーブ油　大さじ2
塩、こしょう　各少々

✖ 作り方
1　しいたけは石づきを除き、軸をつけたまま縦4等分にする。しめじは根元を少し切り落として2〜3本ずつにほぐす。
2　鍋に1のきのことアンチョビを入れ、オリーブ油と白ワインをふり、塩、こしょうをして混ぜる。
3　ふたをして弱めの中火にかけ、鍋が温まったらそのまま8〜10分蒸し煮にする。

副菜 キャベツと卵のスフレ風オムレツ

卵にマヨネーズを加え、たっぷりのせん切りキャベツを混ぜて蒸し焼きに。
ラフにすくって召し上がれ。緑と黄色の見た目もかわいいオムレツです。

✖ 材料　2〜3人分
キャベツ　120g
卵　3個
A｜マヨネーズ　大さじ2
　｜塩、こしょう　各少々
オリーブ油　大さじ1

✖ 作り方
1　キャベツは5〜6cm長さのせん切りにする。
2　ボウルに卵を割りほぐし、Aを加えて混ぜ、キャベツを加えて全体をよく混ぜ合わせる。
3　鍋にオリーブ油を入れて中火にかけ、2を流し入れる。ふたをして約3分蒸し焼きにしたら、弱火にしてさらに8〜10分蒸し焼きにする。

✖ Point
マヨネーズをプラスすることで、卵がふんわりやわらかいスフレ状になる。

副菜 シンプル卵蒸し

だし汁を加えた卵を鍋に入れて蒸しました。だしがきいて、まるで卵豆腐のような味わいです。これも小さな鍋だからこそ上手に作れる一品。すくって器に取り分け、つんときくわさびを添えていただきます。

材料　2〜3人分
- 卵　2個
- だし汁　カップ1½
- A みりん　小さじ1
- 　塩　小さじ⅕
- おろしわさび　少々

Point
卵は溶いて調味料と混ぜたら、ざるや万能こし器でこすと、なめらかな仕上がりに。このひと手間で口当たりに差が。

作り方
1　ボウルにだし汁を入れ、Aを加えて混ぜる。

2　別のボウルに卵を割りほぐし、1のだし汁を注ぎ入れて混ぜ合わせる。鍋に万能こし器をのせ、卵液を注いでこす。

3　鍋を弱めの中火にかけて3分、弱火にして6〜7分加熱したら、火を止めて約5分おき、余熱で火を通す。器に盛り、わさびを添える。

大庭英子 おおば えいこ

料理研究家。身近な材料と普段使いの調味料で作る、簡単でおいしく、アイデアあふれた料理に定評がある。和・洋・中華・エスニックのジャンルを超えた幅広いレパートリーは、どれも自然体のおいしさで、たくさん食べても飽きない味わい。雑誌・新聞・広告と活躍の場も広く、あらゆる年齢層から支持を得ている。
著書に『おいしい豆料理手帖』(家の光協会)、『ラクラク冷凍レシピ』(講談社)など多数。

ブックデザイン　若山嘉代子 L'espace
撮影　嶋田礼奈(本社写真部)
スタイリング　吉岡彰子
イラスト　ine
構成　内田いつ子
協力　愛知ドビー株式会社

講談社のお料理BOOK
こんなに使えて、こんなにおいしい!
毎日の「バーミキュラ」レシピ

2017年9月13日　第1刷発行

著者　大庭英子
©Eiko Oba 2017, Printed in Japan

発行者　鈴木 哲

発行所　株式会社 講談社
　　　　〒112-8001
　　　　東京都文京区音羽2-12-21
　　　　電話　編集　03-5395-3527
　　　　　　　販売　03-5395-3606
　　　　　　　業務　03-5395-3615
印刷所　凸版印刷株式会社
製本所　株式会社若林製本工場

落丁本・乱丁本は購入書店名を明記のうえ、小社業務あてにお送りください。
送料小社負担にてお取り替えいたします。
なお、この本についてのお問い合わせは、生活文化第一あてにお願いいたします。
本書のコピー、スキャン、デジタル化等の無断複製は著作権法上での例外を除き禁じられています。
本書を代行業者等の第三者に依頼してスキャンやデジタル化することは、
たとえ個人や家庭内の利用でも著作権法違反です。
定価はカバーに表示してあります。

ISBN978-4-06-509102-9